Rainha sem Rei

Frases inspiradoras explicadas

CIP-BRASIL. CATALOGAÇÃO NA PUBLICAÇÃO
SINDICATO NACIONAL DOS EDITORES DE LIVROS, RJ

F441r

Ferreira, Felipe Bravo, 1987-
Rainha sem rei : frases inspiradoras explicadas / Felipe Bravo Ferreira. - 1. ed. - São Paulo : Letras do Pensamento, 2021.
112 p. ; 21 cm.

ISBN 9786589344063

1. Motivação. 2. Autorrealização. 3. Técnicas de autoajuda. I. Título.

21-69273 CDD: 158.1
CDU: 159.947

Leandra Felix da Cruz Candido - Bibliotecária - CRB-7/6135

10/02/2021 10/02/2021

TERAPEUTA FELLIPE

Rainha sem Rei

Agenda
Terapêutica com
Frases
inspiradoras
e explicadas

"TAL"

Templo do Amor e Liberdade

1ª edição – 2021 – São Paulo – SP

Letras do Pensamento

Projeto gráfico, diagramação e capa
Rita Motta – www.editoratribo.blogspot.com

Revisão
Maurício Marsola

Editor
Claudio P. Freire

1ª Edição – 2021 – São Paulo-SP

Letrasdo Pensamento

LETRAS DO PENSAMENTO
Rua Eduardo Prado, 28, Vila Bocaina.
CEP: 09310-500 – Mauá/SP.
Telefone: (11) 3107-6501 | (11) 9-9352-5354
Site: www.letrasjuridicas.com.br
E-mail: vendas@letrasjuridicas.com.br

Impressão no Brasil

Dedico este livro à Cidade de Marília, cidade que me acolheu desde o início da vida, a cidade poesia, símbolo de amor e liberdade. A jovem Maria Dorotéia, de Ouro Preto/MG continua inspirando os Românticos, os homens lunares, amantes da Noite, que amam e louvam o feminino, tão Belo e fértil! Dedico este livro à Moça Marília e a tantas outras que esperaram e esperam pelo Príncipe que não veio ou pelo Príncipe que não se tornou Rei. Cada uma dessas mulheres podem e devem se tornar Rainhas da Própria Vida.

Dedico, também, ao meu avô, pela coragem que me ensinou, honrando o sobrenome que carrego, à minha avó, pela motivação em ter alma de artista, de ser e divulgar o Belo, brilhando e fazendo um mundo melhor, mais bonito. À minha Mãe, por ser uma Rainha sem Rei e a meu pai, pela liberdade que me proporcionou na vida!

Dedico esse livro a todos que têm coragem para buscar o novo, para buscar a cura! É necessário ter coragem, pois enfrentar o mundo é enfrentar a imagem já cristalizada que se tem de si mesmo.

Apresentação

A mulher naturalmente sente mais medo do que o homem, seja por seus hormônios, por repressão social ou por nunca ter sido ensinada a se defender. É correto afirmar que as mulheres, na história da humanidade, sempre preferiram viver em grupo para poderem se proteger. O homem possui menos medo porque é mais agressivo e desde menino é incentivado a "lutar", ganha espadas de brinquedo e faz esportes de maior contato. Muitas mulheres por se sentirem mais frágeis física e emocionalmente, envolvem-se em relacionamentos para terem "proteção", para serem "amadas", porém, muitas vezes isso pode caminhar para abusos: físicos e/ou emocionais. *A mulher do novo tempo precisa aprender a se defender sozinha! Ter menos medo, mais coragem e confiança para ser realmente quem ela é em essência!*

O Autor

Evolução

O que diferencia o ser humano dos outros animais é a inteligência, a capacidade de utilizar ferramentas, refletir e raciocinar. O que diferencia o ser humano comum dos especiais são essas mesmas características, mas com o fator de usar a inteligência com maior concentração e dedicação. Neste novo tempo, podemos dizer que a diferença principal está em utilizar a Inteligência Emocional: a junção da "frieza" do raciocínio do conhecimento com o respeito aos sentimentos e às emoções.

Quando passamos a conhecer algo novo, tornamo-nos uma nova pessoa e a cada dia evoluímos. Hoje somos melhores do que ontem e amanhã seremos melhores do que hoje. O conhecimento traz responsabilidade e independência.

Sugestão: Leia um capítulo por dia, garantindo, assim, um tempo para reflexão dos temas. Utilize o espaço em branco após as perguntas reflexivas para escrever o que sente e o que pensa, é uma atividade interessante que fortalece seu masculino e feminino; o equilíbrio!

Boa leitura! Boa reflexão! Gratidão!

Seja forte! Seja livre! Seja a Rainha da sua história!

Felipe Bravo Ferreira

Sumário

Atividade de relaxamento Autoenergização

Essa atividade é muito simples e eficaz, é um encontro entre as práticas de relaxamento e de equilíbrio energético do corpo. Pode ser utilizada quando e onde se quiser, o ideal é que seja em um lugar tranquilo e com o corpo deitado, mas pode ser feita sentada ou em pé, dependendo da necessidade e urgência.

Normalmente, essa prática traz um efeito de 80% de relaxamento mental. Deve ser feita principalmente quando você notar que os seus pensamentos estão saindo de seu controle. O medo e as preocupações são muito altos, nesse momento, alguma parte do corpo está dolorida, muito quente ou fria. Ela te ajudará também na concentração em você mesma, que é o início da cura.

Vamos lá:

1) Sente-se confortavelmente; coloque a sua mão direita bem espalmada sobre o estômago; coloque

a sua mão esquerda bem espalmada no meio do peito; puxe o ar pelo nariz contando mental e lentamente até 4; segure o ar nos pulmões contando até 2; solte o ar pela boca contando mental e lentamente até 4. Faça por 10 vezes ou 2 minutos.

Obs.: caso não consiga se concentrar neste relaxamento, utilize o número 2.

2) Sente-se confortavelmente; coloque a sua mão direita bem espalmada sobre a testa; coloque a sua mão esquerda bem espalmada no umbigo; puxe o ar pelo nariz contando mental e lentamente até 4; segure o ar nos pulmões contando até 2; solte o ar pela boca contando mental e lentamente até 4; faça por 10 vezes ou 2 minutos.

Sinta a diferença. Ao final, anote uma nota de 0 a 10 para o seu relaxamento. Faça todos os dias, de manhã, à tarde e à noite, antes e depois de ler o livro, a fim de obter melhores resultados.

1º Dia	Manhã	Nota	Tarde	Nota	Noite	Nota
2º Dia	Manhã	Nota	Tarde	Nota	Noite	Nota
3º Dia	Manhã	Nota	Tarde	Nota	Noite	Nota

Livro e Agenda Terapêutica.

Frases Inspiradoras e explicadas.

Perguntas reflexivas.

Responda escrevendo com toda sua verdade!

Seja verdadeira consigo mesma!

Desabafar faz bem pra saúde!

1 *Apegamo-nos* às coisas sem valor e com isso deixamos o que é valioso escapar

Na vida nossa energia é limitada; o tempo do dia, a quantidade de calorias e os pensamentos. Como dizem os estudos científicos, só temos um pensamento por vez e são sempre sequenciais. Por isso, quando pensamos muito em algo ou alguém nossa vida começa a ser pautada por esse tema ou por essa pessoa. Quando menos esperamos estamos pensando naquele mesmo assunto e isso pode se tornar uma obsessão. É preciso ter consciência da energia de pensamento que temos investido, no quê e em quem. É preciso avaliar se vale a pena e se teremos o retorno daquilo que buscamos. Não invista energia naquilo que só trará problemas, invista sua energia de pensamento em você mesma, naquilo que te faça bem de verdade e que te ajude a realizar seus projetos de vida.

A GRANDE PERGUNTA:

O que tenho perdido na vida?

RESPOSTA:

2 A diferença entre o bem e o mal é que o mal seduz, vicia e aprisiona, já o bem, *educa*, *faz pensar* e *liberta*!

Muitas vezes na vida ficamos pensativos e avaliamos se determinada situação ou vivência é boa ou ruim para nós. É preciso ter princípios que nos ajudem a avaliar e diferenciar as coisas e as pessoas. A sedução faz parte da vida, está dentro de cada um de nós, faz parte do instinto, já a educação é adquirida com o esforço e a dedicação de cada ser, com as suas vivências e experiências. A sedução, no início, é uma delícia. No entanto, com o passar do tempo, pode se tornar um vício. Já a educação dos nossos instintos nos liberta de pensamentos e comportamentos repetitivos. Busque a consciência daquilo que você vive, se é sedução ou se é educação.

A GRANDE PERGUNTA:

O que tem mais espaço em minha vida, o bem ou o mal?

RESPOSTA:

3 Todos conhecemos anjos! Anjos são aqueles que nos ajudam, nos curam e nos doam o seu amor!

Encontramos e conhecemos vários tipos de pessoas no decorrer da vida. Em momentos especiais conhecemos algumas pessoas, justamente por isso são considerados momentos especiais da vida, em que estamos passando por um período difícil, ou estamos um pouco ou muito perdidos. Essas pessoas nos alimentam com o seu amor e conhecimento, com a sua dedicação e cura. Devemos valorizar esses Anjos em nossas vidas, seres que se doam, que são felizes em fazer o bem!

Quem é um Anjo na sua vida? Agradeça-lhe de alguma forma: com palavras, afeto ou uma pequena lembrança.

A GRANDE PERGUNTA:

Sou um anjo na vida de alguém? De quêm? Quem é um Anjo na minha vida?

RESPOSTA:

4 Entender-se é melhor do que se reprimir!

Esse tema é sempre um tabu na nossa sociedade, pois existe muito medo em se experimentar e conhecer novas situações da vida. Nossa sociedade tende a se reprimir e ensina isso a todas as pessoas, porém, a repressão em excesso tem trazido desgaste emocional para muita gente. Com certeza, esse é um grande motivo para o desequilíbrio emocional na atualidade. Entender-se é conhecer-se, é a busca pelas respostas daquilo que te faz bem.

Somos seres em constante movimento, o planeta em que vivemos está permanentemente rodando, por isso devemos utilizar esse movimento perpétuo para o nosso desenvolvimento, para o nosso bem, buscando, assim, sermos aquilo que nossa essência pede.

A GRANDE PERGUNTA:

Como é represar um rio dentro de si mesma?

RESPOSTA:

5 É muita opção para pouca conexão

Nos tempos atuais, a facilidade de comunicação trouxe novos comportamentos, conseguimos contatos com muitas pessoas ao mesmo tempo. Isso é bom se for bem utilizado, porém, na busca por relações mais profundas, esse tipo de comportamento muito ágil tem construído relações muito rasas. Alguns gostam, outros preferem maior aprofundamento, isso muda dependendo das fases da vida. Existem momentos que queremos algo mais leve, já em outros precisamos de aprofundamento e profunda vinculação entre as almas. Quando encontrar alguém "legal" de verdade, com uma *good vibe* e disposto a se aprofundar, se esse também for o seu desejo: aprofunde-se, dedique-se e conheça mais essa pessoa!

A GRANDE PERGUNTA:

Do que estou fugindo quando evito relacionamentos?

RESPOSTA:

6 A morte é uma das passagens da vida!

Na concepção, no encontro do óvulo da mamãe e do espermatozóide do papai, a energia eterna que somos passa a habitar nesse novo corpo. No final da vida, deixamos o corpo após vivermos dores e delícias e nos tornamos pensamento novamente!

A morte assusta muitas pessoas! Religiões e práticas espirituais tentam responder qual é o caminho que seguimos após o final dessa vida. Se desde criança fôssemos ensinados a ver o mundo oculto das energias espirituais, seríamos todos adultos bem conscientes sobre essa vida que levamos. Na clínica vi várias situações em que as pessoas ficam doentes pelo fato de seus familiares não entenderem sua sensibilidade energética. Algumas pessoas, no entanto, cometem excessos no campo da espiritualidade, o que também traz desequilíbrio. Por um lado, não devemos negar a espiritualidade, por outro, devemos respeitar alguns limites, sempre buscando o bem, o Amor e a Liberdade!

A GRANDE PERGUNTA:

O que tenho que realizar antes de morrer?

RESPOSTA:

7 O máximo que podemos fazer por alguém é orientar, acolher e respeitar. A iniciativa de mudança será sempre de cada um. Cuidado com responsabilidades excessivas e fantasiosas. Cuide-se, esteja em paz!

Nossa sociedade segue em um ritmo de angústia. Vivemos como se estivéssemos devendo algo a alguém. Uma figura que sempre aparece como nosso credor é Deus. Fomos ensinados assim, mas, na realidade, Ele não nos cobra nada, pelo contrário, nos oferece tudo aquilo de que precisamos, basta olhar a vida com simplicidade e humildade. Não somos donos de nada, nem de ninguém, tampouco somos donos do nosso corpo, que é um empréstimo da natureza. Viva com leveza, observe sua missão e veja como o tempo se encarrega de ajustar tudo, não se cobre tanto!

A GRANDE PERGUNTA:

O que estou devendo a mim mesma?

RESPOSTA:

8 Cada um é herdeiro de si mesmo. Tudo que se colhe foi um dia plantado e tudo que plantar irá colher, cedo ou tarde, nesta ou em outra vida.

A busca por autoconhecimento mostra quais as atitudes que temos e a motivação dessas atitudes. Quando nos tornamos conscientes, deixamos de lado certas situações que nos trazem prejuízo e desgaste emocional. Quando plantamos amor e liberdade, cedo ou tarde colheremos isso. O bom de plantar algo positivo é a satisfação de que estamos fazendo o que é certo. O bom de plantar amor é que, se ninguém quiser colher, você mesma pode fazê-lo.

A GRANDE PERGUNTA:

O que estou deixando de herança para mim?

RESPOSTA:

9 Minha família são aqueles que me aceitam como sou.

Jesus disse isso de outra maneira em sua história. O maior exemplo da Terra diz, com isso, como devemos buscar e respeitar a nossa essência divina; quebrando paradigmas, libertando-nos e salvando-nos de ciclos familiares repetitivos e inconscientes. Reprimir para agradar não é o caminho, devemos nos cercar daqueles que nos amam, nos entendem e nos fortalecem naquilo que temos de melhor: o nosso Amor Divino! Independentemente de serem de sangue ou não, para cumprir nossa missão da melhor maneira possível e em paz.

A GRANDE PERGUNTA:

Consigo observar a potencialidade e limitações da minha família?

RESPOSTA:

10 **Amar não é gostar! Existem pessoas que amamos, que fazem parte da nossa história, mas isso não quer dizer que temos que gostar do jeito delas. Cada um pode mudar e ter seu próprio jeito de ser. Esse amor é divino, tem relação com a gratidão que nos traz cura e evolução.**

Em determinados momentos da vida percebemo-nos incomodados com o jeito e o comportamento de algumas pessoas que são importantes para nós. Isso acontece porque as pessoas mudam, tudo muda o tempo todo. Se existe uma coisa certa na vida é a mudança, nosso planeta está em constante movimento, nosso coração também, portanto, saiba que as mudanças sempre virão e devemos nos atualizar constantemente. Podemos dizer que esse é um conceito de *auto-atualização*; isso traz leveza e felicidade, não seja apegado, mas sempre seja grato!

A GRANDE PERGUNTA:

O que aprendi com as pessoas que já gostei e admirei?

RESPOSTA:

11

Só eu sei quanta energia e dedicação empenho na conquista do bem de todos; mas chega um tempo em que se tem a certeza de que cada um sabe de seu destino e, então, uma sensação de derrota ou rendição nos atinge. Assim como em uma guerra, após a rendição terei paz. Saio derrotado, mas dentro de mim a chama não se apaga. Sigo meu caminho na certeza de que fiz meu melhor, combati o bom combate.

Somos ensinados desde crianças a nos sacrificar pelos outros. Quase todas as religiões falam sobre isso. Em parte, é necessário nos dedicarmos aos outros, mas sempre com cuidado, atenção e consciência, observando o equilíbrio das coisas e das energias da vida. Você deve se dedicar, mas nunca "esquecer" de si mesma. Faça até determinado limite, após apresentar um bom caminho, fique tranquila e com a sensação de dever cumprido.

A GRANDE PERGUNTA:

Missão cumprida ou comprida?

RESPOSTA:

12 Podemos florir onde Deus Pai e Mãe nos plantou.

Nem sempre na vida estaremos em lugares e ambientes que consideramos agradáveis. Muitas vezes teremos que viver em situações um pouco mais difíceis, porém, temos grande capacidade criativa e grande capacidade de transformação. Com um pouco de atenção e esforço podemos melhorar o ambiente onde vivemos e a vida que levamos. Podemos tentar nos realizar um pouco mais nesse ou naquele lugar, pode não se tornar um lugar ideal ou perfeito, mas será muito positivo para você deixar que a sua beleza interior flua, respeitando os ciclos da vida, como as estações do ano, as fases da lua, o contato com os elementos: água pura, terra boa, ar limpo e fogo ideal. Construindo coisas novas até que um dia você encontre seu lugar, onde tudo flua mais naturalmente e você possa ser feliz de verdade.

A GRANDE PERGUNTA:

Qual ambiente e qual prática facilitam minha missão?

RESPOSTA:

13 Não se preocupe tanto em agradar uma pessoa a ponto de perder sua real personalidade e essência. Observe se você tem sido boa e justa, busque estar próxima daqueles que pensam como você. Existem 7 bilhões de pessoas no mundo, em algum lugar você será acolhida! Vá em frente!

Para muitas pessoas é comum tentar agradar e se ajustar a um determinado grupo social, como a família, parentes, colegas, vizinhos... Essa é uma característica das pessoas muito educadas, que chegam ao ponto de se anularem pelos outros, evitam conversas mais difíceis e até escondem sua visão de mundo. Esse tipo de comportamento pode ser muito elogiado por todos, normalmente esse tipo de pessoa é considerada legal e bondosa por todos, mas se você se identifica com isso, cuidado! Esse tipo de comportamento muito agradável pode te levar a despersonalização, que ocorre quando deixamos de ser nós mesmos e nos esquecemos daquilo que realmente é importante para nós. A despersonalização é a grande causa da depressão. Por isso, mantenha o equilíbrio, avalie sempre que ser "boazinha" não é bom, o melhor é ser justa!

A GRANDE PERGUNTA:

Quanto de mim é meu?

RESPOSTA:

RESPOSTA:

14 **Não fique se julgando e se culpando em seus pensamentos por aquilo que você gosta, por aquilo que você ama e te faz bem. Viva feliz! Com responsabilidade, mas sem julgamentos antigos.**
O progresso da vida humana nos leva a novidades e realizações nunca vividas! Estamos aqui para criar um novo mundo de Amor e Liberdade!

A luta entre a mudança e o conservadorismo é antiga. Muitas famílias proibiram e proíbem seus filhos de se relacionarem com quem gostam ou de fazerem o que os satisfazem. Essa é uma tentativa de fazer com os outros aquilo que foi feito com eles, pois aquele que foi reprimido acha normal viver frustrado e triste. Uma coisa é certa, a novidade sempre vem, pois isso é do equilíbrio da natureza. Quanto mais um rio for reprimido, maior seu volume, até que a barreira exploda. Melhor que seja uma explosão de felicidade e não de dor.

O julgamento condenatório que o conservadorismo do patriarcado executa tem causado muitas "profecias" que se autorrealizam ensinando a sociedade a ver demônios em qualquer Ser que seja diferente. Ao condenar homens e mulheres de feminino livre, a sociedade os joga no "inferno", sem a capacidade de acolher e de construir uma história que respeite cada Ser, criando, pois, "demônios", marginalizando quem mais precisa de apoio, colocando-os na boca do "leão faminto", que só terá o trabalho de digerir a carne fresca. É muito fácil condenar os mais frágeis, o difícil é condenar quem sempre dominou o pensamento.

Ainda hoje, algumas pessoas reprovam o amor fora do modelo mais comum e outros comportamentos, elas veem de forma inadequada e com medo. Com a evolução podemos ver como são lindas as várias faces do Amor e da Liberdade, a mistura das diferenças, dos complementares, ou os que se fortalecem no enfrentamento do preconceito, na busca pelo acolhimento. Se você é diferente do seu grupo ou da sua família não se culpe, isso é lindo, isso é a EVOLUÇÃO!

Na clínica vejo muitas pessoas se condenando, tentando se ajustar ao caminho antigo, se martirizando, implorando a Deus que mude seus sentimentos. Eu explico que se Deus não fez a mudança após tanto implorar, é porque o correto é encontrar um caminho novo para o sentimento mais bonito que existe, o amor!

A GRANDE PERGUNTA:

Em qual direção meu amor flui?

RESPOSTA:

15 Confesse seu erro para si mesma, perdoe-se, aprenda e não erre novamente, com isso terá uma vida de paz e evolução! Se não admitir seu erro, fingindo que nada aconteceu, você será purificada por meio da dor.

O erro faz parte da vida e nos traz a possibilidade de aprendizado. A maioria das pessoas não observa seus erros, mas aquele que busca paz e consciência deve analisar se errou e quando errou. Para isso, é necessário pensar e refletir, pois você pode ter sido ensinada a se julgar e a se condenar, acreditando que sempre estava errada. Ninguém erra nem acerta o tempo todo. Quanto maior a consciência, mais claro tudo fica. Devemos buscar a justiça para nós mesmos, por isso, perdoar-se é importante para poder se libertar do passado. Devemos tratar bem quem nos trata bem, respeitarmos quem nos respeita e nos afastarmos de quem nos faz mal, desenvolvendo novos hábitos, novas amizades e novas relações.

A GRANDE PERGUNTA:

O que devo abandonar?

RESPOSTA:

16 Não tenha pressa, mas não perca tempo!

Estamos num mundo apressado e a busca pela felicidade tem feito as pessoas correrem. Infelizmente correm sem um caminho de orientação ou de orientação errada: correm atrás de dinheiro, "amores" e poder. Se respeitassem sua história, saberiam seu destino. Ao mesmo tempo que correm tanto atrás da "felicidade", se anestesiam demasiadamente com diversões tóxicas, companhias de pessoas que roubam sua energia, desacreditam dos seus sonhos e do seu potencial. A velocidade correta é uma velocidade harmônica, nem rápida e nem lenta, no caminho da satisfação e ao lado de pessoas que te fortalecem.

A GRANDE PERGUNTA:

Em que me perco?

RESPOSTA:

17 Existem coisas que no início você faz forçada e são um sacrifício. Após um tempo, percebe que aquilo é o melhor para você!

Assim como ir à escola na infância em época de frio e chuva, a vida tem situações de sacrifício. Quando criança, gostaríamos de ficar um pouco mais na cama, porém precisávamos estudar, aprender e crescer. A vida não precisa ser encarada como um sacrifício, mas essas situações existem. Mudar de um comportamento para outro melhor exige esse esforço, no início pode ser um pouco difícil, mas com o passar do tempo você se fortalece e aquela situação te leva a outra melhor e a um novo conhecimento sobre si mesma, sobre o quanto é forte e capaz, gerando auto-estima, que é um combustível importante para mudanças e realizações.

A GRANDE PERGUNTA:

O que me traz prazer, mas tem roubado minha energia?

RESPOSTA:

18 **Não é preciso reprimir nada daquilo que você ama, mas aprender a utilizar o amor divino junto a tudo o que você ama na Terra. Com essa junção, tudo fica fluídico, o que era doença se torna cura.**

Como falamos em alguns momentos, todos nós fomos muito reprimidos, fomos ensinados a reprimir nossos sentimentos, nossas vontades e nossos desejos. Nossa sociedade vive em um modelo patriarcal, um modelo de repressão de tudo o que lembra ou representa o feminino: o sentimento, a sensibilidade, o amor e a liberdade... Como chegamos em um novo tempo, em uma nova Era, o patriarcado está perdendo força e podemos viver com mais liberdade nos sentimentos, na nossa própria sensibilidade. É preciso reaprender algumas coisas, algumas atitudes e alguns comportamentos. Antes, o que reprimíamos em nós mesmos, agora pode se apresentar de outra forma, muito mais saudável para todos. O grande segredo está em descobrir o que você ama de verdade, o que toca seu coração profundamente, isso dará a você uma pista de qual caminho seguir e, assim, poderá conectar seu amor na terra com o amor divino...

digo-lhe do fundo do coração "ESSA É A NOSSA MISSÃO"... Tudo o que fazemos na terra tem amor, mas ele só é ativado se você estiver consciente, se souber o que está fazendo, com total conhecimento e desprendimento material.

A GRANDE PERGUNTA:

O amor divino se manifesta em mim de qual forma? Qual é o meu dom espiritual?

RESPOSTA:

19 Não se esqueça do poder das mudanças! Cada mudança é um pequeno ajuste que te ajuda a melhorar ainda mais a sua vida.

É comum nos acostumarmos com lugares, pessoas, sempre as mesmas coisas e as mesmas práticas. A rotina é algo que nosso cérebro gosta por ser mais segura e gastar menos energia, pois dentro da rotina os caminhos são sempre os mesmos, os riscos já são calculados e as respostas são sempre as mesmas. Fora da rotina é necessário refletir e repensar, isso gasta energia cerebral, porém, dentro de nós existe a curiosidade e no mundo em que vivemos o movimento é permanente. Nesse sentido, devemos considerar o valor das mudanças, a necessidade de adequações, a busca por aquilo que é melhor! Grande parte da felicidade está na expectativa de que o dia seguinte seja melhor do que hoje. Mude sempre!!!

A GRANDE PERGUNTA:

Estou parada no tempo?

RESPOSTA:

20 Liberdade é o meu combustível! O Amor é o meu caminho!

Em todos esses meus anos de atendimento clínico e com os vários pacientes que atendi, foi possível perceber como a liberdade é importante para a nossa saúde mental. A liberdade é mais do que fazer o que se quer, é poder pensar, poder criar coisas novas e diferentes sem o medo de ser punido ou de estar errando. Por esse motivo, a liberdade é o que motiva o desenvolvimento e o progresso, já o amor traz o rumo que devemos perseguir, principalmente o amor Próprio, pois a liberdade pode trazer sensação de estar perdido, nisso o amor vem e te organiza!

A GRANDE PERGUNTA:

Qual tem sido meu combustível?

RESPOSTA:

21 Só devemos dar ouvidos aos conselhos dos sábios

No dia a dia temos contato com muitas pessoas, algumas cultas, outras mais simples, algumas agitadas, outras mais calmas, mas o bom mesmo é quando, independentemente de qualquer característica, conseguimos perceber a presença de um sábio perto de nós. Os sábios possuem uma característica muito especial: eles sabem respeitar o tempo da Mãe Natureza e possuem os conhecimentos do Deus Pai.

A GRANDE PERGUNTA:

A quem tenho ouvido?

RESPOSTA:

22 Sucesso é respeitar a sua intuição e fazer tudo com amor!

Respeitar nossa intuição nos diferencia do resto do mundo, pois a maioria segue como boiada, como manada, repetindo as mesmas coisas que sempre foram ensinadas, sem questionamento, sem reflexão, sem ouvir e sem respeitar a voz interior da intuição. A intuição é muito importante, cada pessoa é única, portanto, não é possível que todos sigam um mesmo modelo e sejam felizes. Respeite a sua individualidade, respeite a sua diferença, isso é belo, é único e especial. Ouça o seu coração e a sua intuição, que é a união de todos os conhecimentos que você teve nesta e em outras vidas, com isso irá se amar e fazer tudo com amor!

A GRANDE PERGUNTA:

Minha intuição é forte?

RESPOSTA:

23 Tudo que curarmos em nós protege nossos descendentes.

Estamos todos conectados, principalmente com nossos familiares. Isso é mais do que algo mágico, isso acontece porque somos seres altamente afetados pelos sentimentos, comportamentos e pelas palavras das pessoas. Em relação à família, isso é muito forte, pois são seres muito parecidos biologicamente e muito interligados emocionalmente. No caso dos filhos, por exemplo, não é difícil encontrar histórias de mães que pressentiram acontecimentos ou situações pelas quais os filhos passaram. A conexão é muito forte!!! Portanto, quando a mãe ou o pai evoluem, progridem, melhoram seus pensamentos, comportamentos e curam suas feridas emocionais, afetando muito seus filhos. Todo ser humano foi criança um dia e toda criança aprende muito por observação e imitação. Os pais são o primeiro modelo de comportamento de uma criança. Durante toda a vida esse padrão se mantém, saiba da responsabilidade que possui sobre seus descendentes.

A GRANDE PERGUNTA:

Quero prender ou libertar meus filhos?

RESPOSTA:

24 Cure-se antes de querer curar alguém.

Primeiro precisamos falar sobre o que é cura. Estamos em uma sociedade neurótica, ansiosa, angustiada... Quando falamos da cura, falamos de equilíbrio, bem estar, paz, harmonia... Portanto, antes de querer curar alguém, observe se você já consegue se sentir curada, plena e em paz consigo mesma. Quantas pessoas cobram a cura dos outros, mas elas mesmas estão doentes? Cure-se e, por consequência, sua "onda" de cura, paz, serenidade e harmonia irá se espalhar por todos que se achegarem em sua presença.

No caso de pessoas com capacidades especiais de cura é preciso ter ainda mais cuidado. Quando tentamos curar alguém e estamos enfraquecidos ou abertos espiritual e energeticamente, as energias do atraso, da ignorância, do apego e do medo podem se instalar naquele que quer curar. Isso não ajuda o doente, apenas ilude o "curador" e o doente, pois traz uma sensação de cura que, na verdade, é um alívio momentâneo que logo passa. É como enxugar gelo. A mudança tem que ser de dentro para fora!!!

A GRANDE PERGUNTA:

Tenho sido remédio ou veneno na vida das pessoas?

RESPOSTA:

25 Quanto mais poder você tiver, mais bondoso terá que ser!

Muitas pessoas desejam o poder, mas nem todos os poderosos estão preparados para terem atitudes de paz, progresso e harmonia, por isso, estamos em um mundo que, apesar de todo o desenvolvimento, ainda sofre muito com dores e frustrações. Todo o poder emana de Deus Pai e Mãe, porém muitos se utilizam de poderes e conhecimentos para manipularem os mais frágeis. Avisamos para que todos os poderosos saibam que tudo o que plantarem irão colher, por isso, sempre plante o melhor e ajude cada vez mais pessoas necessitadas, para o seu próprio bem. Utilizando-se do verdadeiro poder, que nunca acaba, o poder que vem do Deus Pai e Mãe, para fazer o bem e ajudar aqueles que precisam, assim como um dia você precisou!!!

A GRANDE PERGUNTA:

Alguém te “salvou” em algum momento da sua vida? Você tem “salvado” alguém de vez em quando?

RESPOSTA:

26 Todos têm o direito e o dever de ser o que sonhamos.

Quando somos crianças ou jovens sonhamos bastante com um futuro melhor e mais feliz. A vida adulta chega e muitos deixam seus sonhos de lado, vão desistindo de uma vida diferente e as responsabilidades vão se impondo, ocupando quase todo o espaço de pensamento. Com a perda dos sonhos, muitos perdem, também, a alegria, a esperança por dias melhores, as expectativas e por isso, também, muitos adultos utilizam remédios, álcool, sexo e drogas para manterem a vida menos dolorosa, em uma tentativa frágil e ineficaz de anestesiar a frustração com a própria vida e consigo mesma. A química dos remédios, das drogas, do sexo e do álcool traz euforia, mas ela é passageira. Quando sonhamos algo para nossa vida, isso quer dizer que está dentro de nós como uma semente que deve germinar e desabrochar, tornando-se um arbusto, depois uma jovem árvore e no futuro uma grande árvore com frutos e flores. Esse é um destino de sucesso e felicidade! Para isso acontecer é preciso ter sol, terra boa, água de qualidade e ar puro. O sol representa o calor do afeto que estimula o crescimento, a terra o acolhimento que traz segurança, a água, a fertilidade que vem da criatividade e o ar, a liberdade.

Sendo assim, relembre seus sonhos, e observe que essa semente existe em você, está guardada, esperando por um bom ambiente para, enfim, germinar! Depende de criar esse bom ambiente, fértil e feliz!

A GRANDE PERGUNTA:

O quanto que tenho me dedicado ao meu sonho?

RESPOSTA:

27 Não estou só, estou comigo!

A solidão atinge a todos em algum momento da vida. É mais comum que a solidão seja muito sofrida e dolorosa, porém podemos sempre refletir e criar um novo significado para o que sentimos, também podemos ver oportunidades de crescimento e situações em que *a priori* sofreríamos e ficaríamos parados na tristeza. Sempre converso sobre isso com meus pacientes, pois é uma queixa comum. A pessoa que se sente solitária sente-se frágil, desprotegida e inadequada. Muitos sentem-se solitários no meio de multidões, isso está mais relacionado ao momento emocional de cada um do que ao fato de estar acompanhado ou não. Quantos de nós não nos sentimos sozinhos em uma festa cheia de gente conhecida, em algum momento da vida? Quantos de nós nos sentimos sozinhos em um relacionamento amoroso? Quando estamos fortalecidos emocionalmente sabemos que nossa melhor companhia são nossos bons pensamentos, bons sentimentos e boas ações para nossa própria vida e para as pessoas que podemos ajudar. Com eles temos uma vida mais alegre, conhecemos pessoas nessa mesma vibração e não precisamos ter dependência emocional de ninguém, pois estamos muito bem conosco mesmo. Como é bom estar em paz consigo mesmo! Ser feliz sozinho! Gostar da própria companhia! Sentir-se realizado e útil com o dom que possui!

A GRANDE PERGUNTA:

Sinto-me só mesmo acompanhada?

RESPOSTA:

28 Quem gosta de mim sou eu mesma!

Desde criança buscamos automaticamente a aprovação de nossos pais e outras pessoas, quando crescemos passamos a buscar a aprovação de pessoas que queremos conquistar ou que podem nos trazer algo bom. Quando chegamos em uma determinada idade, podemos questionar isso e o quanto disso é necessário para o nosso bem. Alguns se tornam rebeldes e mudam completamente o comportamento, buscando desagradar aos pais ou às outras pessoas simplesmente para demarcarem sua suposta liberdade. O ideal é entender que os pais, cônjuges, namorados e outras pessoas querem de certa forma nos influenciar naquilo que consideram positivo para eles, pode não ser para nós, mas devemos buscar entender as limitações de algumas pessoas. Nem tudo é perdido, muito podemos aproveitar e transformar em algo bom com bastante reflexão e estudo. A terapia ajuda muito nisso! Não podemos esquecer que a pessoa que mais devemos agradar na vida somos nós mesmos, se não gostarmos de nós e do nosso jeito, a infelicidade irá nos atingir em cheio, assim funciona o mecanismo da vida. Cada um tem que se amar para ser feliz, amar-se da forma como é e melhorar naquilo que for possível!

A GRANDE PERGUNTA:

Gosto do meu jeito?

RESPOSTA:

29 A vida é o que você vive e sente. Não o que as pessoas veem e pensam de você.

Como já dissemos, é muito comum nos preocuparmos desde criança com a aprovação das pessoas. Muitos adultos continuam com essas preocupações, modelando suas próprias vidas para serem aceitos e admirados pelas pessoas ao seu redor. Se você quiser ter saúde mental e psíquica, comece a considerar mais importante o que você sente do que o que as pessoas pensam e avaliam sobre sua vida. Algumas vezes teremos que nos impor, mostrar aquilo que somos de verdade, contrariando a opinião e aprovação dos outros; abrindo a porta da liberdade. Cada um sabe a dor e a delícia de ser como é! Alguns sentimentos ficam escondidos uma vida inteira dentro da pessoa, pois ela não encontra no mundo a aprovação necessária. O importante é você realmente saber a verdade, o que sente independente de aprovação. Só você está na sua pele, seja feliz! A vida é curta, quebre barreiras! *Melhor usar sua energia para quebrar barreiras do que para ser infeliz.*

A GRANDE PERGUNTA:

Preocupo-me em excesso com o que pensam de mim?

RESPOSTA:

30 Consciência é saber que tudo é perfeito com tempo para começar e acabar.

Vivemos em um mundo fantasioso, somos ensinados a observar a vida com fantasia sobre nós e sobre as outras pessoas. Como terapeuta, vejo sempre isso e o meu trabalho é ajudar as pessoas a saírem das fantasias, saírem das projeções sobre os outros, das expectativas irreais ou baseadas em meias verdades. A minha função é ajudar as pessoas a terem cada vez mais consciência dos fatos, das responsabilidades que possuem sobre a vida que levam: direitos e deveres, possibilidades e dificuldades. Quando chegamos em um bom estado de consciência, começamos a perceber como a vida funciona, os mecanismos que estão em nós e no mundo, as fases e tempos da vida e a necessária fluidez das energias...

A GRANDE PERGUNTA:

Tenho respeitado os ciclos da vida?

RESPOSTA:

31 Ninguém estará em paz sem aceitar a luta incessante pela segurança do bem.

Todos têm uma missão na vida! A missão de ser feliz, de ser realizado com suas próprias energias e a missão de tornar o mundo melhor para si e para os outros: com evolução, progresso, simplicidade, respeito e amor. Todos querem sentir menos medo. Uma forma de ter paz é com a coragem de fortalecer o bem!

A GRANDE PERGUNTA:

Tenho me omitido?

RESPOSTA:

32 Você sabe que está no caminho certo quando perde o interesse de olhar para trás.

O passado aparece muito em nossos pensamentos, as nossas lembranças são importantes situações e momentos pelos quais passamos. Somos uma somatória de tudo o que aconteceu no nosso passado, porém, em certos momentos, podemos ficar muito apegados, obsessivos, com o pensamento travado em vivências da vida, prejudicando o desenvolvimento e o futuro. Na busca pelo bom caminho da vida, muitas coisas vivemos, experimentamos situações, sentimentos e sensações. Devemos ter gratidão às pessoas e situações do passado, mas também somos as expectativas que temos do futuro. Quando encontramos um bom caminho de futuro, o passado deixa de ser tão presente em nossas vidas, a felicidade se torna uma expectativa de dias cada vez melhores que virão, nisso a vida fica mais fluida...

A GRANDE PERGUNTA:

Quando olho para trás consigo ver algo bom?

RESPOSTA:

33 Onde houver ódio, que eu seja o amor

Sentimentos ruins são prejudiciais à saúde e representam atraso, apego, mediocridade... Pessoas com ódio carregam consigo energias muito pesadas. Uma coisa é o ódio que fixa o pensamento no outro; outra é o desejo de justiça. Não devemos confundi-las. Sermos amor por onde passamos significa sermos evoluídos, desapegados, carinhosos, respeitosos, sermos leves... Não somos donos de ninguém!!! O amor é a fina linha do equilíbrio, é neutro como Deus!!!

A GRANDE PERGUNTA:

Tenho plantado amor ou ódio?

RESPOSTA:

34 Felicidade é o outro nome da consciência tranquila. Liberte-se!

Ter consciência tranquila é uma construção: perder culpas, medos, libertar-se de amarras emocionais e de comportamentos de dependência; é um processo natural na terapia, um processo natural de evolução na análise psíquica. Consciência tranquila é a certeza de que você faz o melhor que é possível naquele momento. *É melhor feito do que perfeito!*

A GRANDE PERGUNTA:

Estou em paz comigo? Tenho falado tudo o que considero importante?

RESPOSTA:

35 Seja quem você deseja ter por perto!

Admiramos várias pessoas no decorrer da vida, o mais importante é saber que quando admiramos alguém é porque admiramos o jeito da pessoa, aquilo que ela emana, oferece como energia e o que ela representa como estilo de vida feliz. Observando isso, podemos aprender com ela como sermos atraentes para nós mesmos. Na vida é importante que sejamos aquilo que consideramos belo e agradável. Faz bem para saúde!

A GRANDE PERGUNTA:

Tenho observado o que há de belo em mim?

RESPOSTA:

36 Humildade é coisa de gente rica de espírito.

Este é um dos comportamentos mais difíceis de concretizarmos, muitos levam uma vida, ou várias, para conseguirem. Ter humildade é uma habilidade ensinada pelo Cristo e por várias religiões. Saber do nosso potencial e da nossa pequenez, sem nos deslumbrarmos com elogios e menções ao nosso nome. Com humildade sabemos daquilo que podemos fazer, mas sem a necessidade de glória, sem a necessidade de disputar e sempre com a leveza do dever cumprido! Isso vem da alma, do nosso eu superior! Nosso eu divino!

A GRANDE PERGUNTA:

O quanto sou orgulhosa?

RESPOSTA:

37 Se a vida é feita de batalhas, saiba escolher seus aliados.

Em cada fase da vida teremos objetivos e desafios a serem conquistados. No início, o ideal é poder contar com a família, com a escola, bons professores, amigos de sala, vizinhos de rua, para que tenhamos vivências, aprendizados e fortalecimento. Quando nos tornamos mais adultos, buscamos conhecimentos e a profissão mais ao nosso estilo, pessoas mais parecidas conosco, formando grupos, amigos e colegas. Em cada mudança de fase é preciso perceber a necessidade de novos aliados que tenham afinidades em comum. Normalmente, os aliados percorrem conosco um caminho temporário, que seria como uma das batalhas de uma guerra. Unem-se para combater um “inimigo” em comum, que nem sempre é muito claro. Colegas de sala, por exemplo, são aliados para combater a ignorância, unem-se para estudar, adquirir conhecimento e ter mais liberdade. Colegas de trabalho são aliados contra o fracasso, cada um contribuindo com seu potencial em busca do sucesso de um produto ou serviço. Na família, os aliados são os que buscam a segurança do lar para o desenvolvimento de cada um. Cada ambiente, cenário, fase e objetivo exigirá tipos diferentes de aliados. Defina com clareza seus objetivos e terá facilidade em definir seus aliados de confiança.

A GRANDE PERGUNTA:

Qual meu objetivo para essa fase? Quem são meus aliados?

RESPOSTA:

38 Amar não é ser bobo. Liberdade não é promiscuidade!

Nossos princípios são de amor e liberdade. Nos tempos atuais, os que amam ou falam de amor são considerados, por muitos, como bobos, mas tenha certeza de uma coisa: o amor verdadeiro vem de dentro e é impossível viver sem ele. Somos feitos dessa substância. Amar sem apego, amar pelo seu bem e pelo bem do outro. Liberdade como missão, para poder conhecer o mundo, se conhecer e crescer, deixando fluir o amor. Juntos, amor e liberdade são perfeitos, um lhe dá espaço, o outro lhe dá o fermento.

A GRANDE PERGUNTA:

Estou sabendo usar minha liberdade?

RESPOSTA:

39 Temos que ter coragem para fazer o nosso melhor e atingir nosso maior potencial. Não ter medo de encontrar com você mesma é o caminho para a autorrealização!

Fazer o melhor de si é sair da média, sair da zona de conforto (desconforto), exige esforço, é ser diferente da maioria e acreditar que pode fazer mais e melhor; não somente em quantidade, mas em qualidade. É preciso dedicação, estudo, aprendizado e fortalecimento. Só podemos mudar se recebermos novas informações e experimentarmos novas possibilidades. Por isso, busque o novo para poder ser mais útil em um mundo em transformação, em busca da paz, da cura e da felicidade!

A GRANDE PERGUNTA:

Tenho coragem para crescer?

RESPOSTA:

40 **O tempo da natureza é assim, as plantas crescem e nós não notamos no dia a dia, mas depois podemos observar o resultado de uma grande árvore. Na sua vida também é assim, você cresce mesmo que não esteja notando, o melhor do seu potencial está por vir. Estamos em construção!**

O planeta está girando neste exato momento e seu coração está batendo! Tudo está em movimento, você está crescendo agora mesmo, seu corpo está se modificando, seu cérebro está recebendo novas informações, este é o caminho do mecanismo da vida: Crescer! Fluir! Assim como um rio saudável, suas águas são fluidas, afinal, "água parada dá bicho"! Tudo tem seu ciclo permanente. Entenda o movimento, o tempo de cada ciclo, principalmente o seu e o de suas relações. Isso lhe trará consciência e sabedoria.

A GRANDE PERGUNTA:

O quanto vejo do meu destino?

RESPOSTA:

41 A mulher independente é a inspiração para o novo mundo!

Estamos entrando em uma nova Era! No século passado experimentamos um novo tipo de comportamento em sociedade, as mulheres, que antes só ficavam em casa cuidando dos filhos e afazeres domésticos, tiveram que sair às ruas em busca de colocações profissionais. As pessoas saíram do campo e foram para as cidades, as indústrias nasceram, novas oportunidades surgiram e a esposa pôde sair da dependência financeira do marido. Por esse motivo, muitas estavam presas a casamentos infelizes, mas agora já trabalham fora de casa, têm sua própria renda, criam os filhos, se cuidam, cuidam da beleza... Super mulheres, atualizadas, independentes, fortalecidas, liberais... Com toda certeza são a inspiração para o novo tempo da Era de Aquário.

A GRANDE PERGUNTA:

Sei o quanto sou inspiradora?

RESPOSTA:

42 O amor é a fina linha do equilíbrio!

Estamos em um mundo de pólos: norte e sul, leste e oeste, alto e baixo, noite e dia, masculino e feminino. No comportamento humano isso não é diferente, vivemos e aprendemos em um mundo que oscila. Oscilamos entre razão e emoção, alegria e tristeza, introversão e extroversão. Todos que vêm à terapia buscam o equilíbrio, a paz, a felicidade e a satisfação consigo mesma. Alguns conhecimentos profundos defendem que o oposto de ódio não é o amor, mas sim, a indiferença. O amor estaria entre os dois, nessa fina linha. Somos a mistura do óvulo com espermatozoide, uma parte da mamãe e outra do papai. Ao mesmo tempo que somos uma parte de cada um, somos um terceiro elemento, que não precisa ser cópia de ninguém, mas pode ser "Neutro" ou a soma de 1 + 1 = 3 e ser você mesma! Quando descobrimos isso, respeitando Pai e Mãe, sem precisar escolher um dos dois como melhor ou vitorioso, iniciamos o caminho para o verdadeiro amor. É tão maravilhoso que consegue nos conectar com nosso Deus interior.

A GRANDE PERGUNTA:

Estou em um dos pólos ou perto do equilíbrio?

RESPOSTA:

43 A Justiça é uma forma de amor!

Por muito tempo, aprendemos que a passividade e a fuga de conflitos seriam as melhores opções para a harmonia das relações, porém, a passividade é filha da omissão, com omissão não é possível haver Justiça, sem justiça não existe harmonia que dure e sem harmonia não existe amor verdadeiro que floresça. Portanto, a justiça é parte importante para uma vida de amor, pois aquele que é justo não está sendo "bonzinho" ou "tendo dó", está, na verdade, valorizando quem faz o certo e corrigindo quem faz o que é prejudicial.

A GRANDE PERGUNTA:

Estou fortalecida para conseguir ser justo comigo?

RESPOSTA:

44 A mulher deve tomar consciência da parte divina que possui e utilizar essa super energia para construir algo bom e feliz em sua vida e missão!

Toda mulher possui uma grande e profunda conexão com o Deus Pai e Mãe. As mulheres possuem sensibilidade e intuição maiores que dos homens e, com isso, uma super energia divina que deve ser usada de forma positiva para construir algo bom para si e para aqueles que ama, de forma a ajudar o mundo que busca transformação. Vi e vejo muitas mulheres com dons divinos maravilhosos, mas que possuem medo desses dons por nunca terem sido ensinadas a utilizá-los, na verdade, muitas foram reprimidas. Algumas ficam atormentadas psicológica e espiritualmente com as visões, imagens, sensações, intuições, premonições e até dores que sentem de outras pessoas; algumas sentem desde criança. É preciso conhecer o que isso significa. Na Idade Média, muitas mulheres foram punidas, queimadas e torturadas por utilizarem seus dons divinos em práticas espirituais diferentes do que a Igreja pregava. Essas práticas espirituais, em que mulheres e homens usavam seus dons, eram proibidas, pois muita gente se beneficiava delas para interferir no destino de outras pessoas e, também, para praticar o mal. Hoje em dia, o mundo avançou e possui mais liberdade, cada um pode buscar as práticas religiosas e espirituais que quiser. O ideal é sempre buscar na construção do amor, da cura e da liberdade!

A GRANDE PERGUNTA:

Tenho medo de ter poder e me perder?

RESPOSTA:

45 Liberte-se das heranças que você recebeu sem pedir e seja livre, seja você mesma! Respeite sua simples essência!

Antes de nascermos já são colocadas sobre nós muitas exigências. No pensamento dos pais, o ideal é que o filho que irá nascer seja, no mínimo, "perfeito" em saúde e beleza, reunindo as melhores qualidades da família. Muitas cobranças são colocadas sobre nós, como heranças indesejadas sobre comportamentos, pensamentos e perspectivas de futuro. É comum ouvir pais dizendo: "quero que meu filho seja isso ou aquilo" antes mesmo de a criança existir. O processo terapêutico ajuda muitas pessoas a localizarem essas cobranças, muitas são tão profundas que se tornam auto-cobrança, fazem parte do pensamento da pessoa sem que ela note. Cobrando-se por algo que nem ela mesma entende, mas permanece construindo uma vida que lhe foi imposta por sua família ou grupo social. Pela boa saúde mental, busque sua essência, busque aquilo que realmente toca seu sagrado coração, que te faça feliz e traga realização e paz!

A GRANDE PERGUNTA:

Vou realizar a fantasia dos meus pais ou o meu sonho?

RESPOSTA:

46 Coragem para se livrar do que não tem mais sentido, abrindo espaço ao novo que vem vindo!

A vida é única e breve! Não dá para esperar nada de ninguém, cada segundo é único, sempre é momento de mudar e de fazer o bem! Colhemos o que plantamos, se olharmos para dentro de nós, veremos que, na maioria das vezes, falamos aquilo que nosso coração transborda. Que nosso coração transborde fé, amor, energia positiva; que transborde de nós somente o bem! Que toda raiz de amargura seja eliminada do nosso coração, que a esperança se renove em nós a cada nova manhã, mesmo quando a vida não vai bem da forma que desejamos. É saudável acreditar que o melhor está por vir, esse é o trajeto para a realização, muito mais do que acreditar, olhe para o futuro e veja a oportunidade que existe, um espaço aberto e vazio à sua espera, para que você preencha como quiser. A fé e a esperança em dias melhores nos levam aonde sonhamos. Temos o tamanho dos nossos sonhos, então seja grande e sonhe alto. Livre-se da mediocridade, das atitudes mesquinhas e egoístas; *afaste-se de quem não se coloca no seu lugar*, de quem não vê seus esforços e dificuldades, pare de perder energia, você tem uma grande missão no mundo. Com isso, chegue ao topo!!! O topo da vida, o topo da realização da missão!!!

A GRANDE PERGUNTA:

Ficando parada, sei a realização que perco no futuro?

RESPOSTA:

47 Você é perfeita exatamente como é! Você é uma fagulha de Deus Pai e Mãe!

Todos nós somos feitos à imagem e semelhança de Deus Pai e Mãe! Temos nossa alma, que é a fagulha eterna que se desprendeu da chama maior. Somos feitos de fogo divino, por isso temos a capacidade de transformar tantas energias, construir tantas coisas lindas e magníficas. Não se preocupe muito com formas físicas e corporais, cuide da saúde, mas tenha a certeza de que sua verdadeira missão é espiritual. Estude, pratique muito o amor divino, se curando e ajudando na cura dos outros. Assim como o exemplo de Jesus, tenha uma vida de missão e cura do mundo. Aí estará sua verdadeira beleza manifestada, você já é perfeita como é! Simplesmente manifeste o que já está dentro de você!

A GRANDE PERGUNTA:

Consigo ver minha divindade? Tenho investido mais no meu corpo ou na minha alma?

RESPOSTA:

48 Somos uma fábrica de amor. Deixe o amor fluir!

Nosso corpo é maravilhoso e nosso combustível é a alma, a nossa fagulha divina que é feita de amor divino. Podemos produzir amor constantemente. Se estivermos harmonizados e em equilíbrio, podemos produzir e distribuir muito amor, ajudando na transformação e construção de um novo mundo. Outro ponto importante que lhe digo, não represe ou reprima o amor, isso pode lhe causar doenças! Existem muitas formas de amar no mundo: seja educando uma criança, alimentando um animal, ajudando um idoso, participando da política, auxiliando no crescimento dos mais pobres, fazendo justiça, acolhendo um doente; enfim, sempre fortalecendo aqueles que precisam de você! Isso é deixar o amor fluir! Isso é saúde e felicidade!!

A GRANDE PERGUNTA:

Estou represada ou fluídica?

RESPOSTA:

49 A dor é um sinal de que devemos mudar!

Uma coisa é certa, podemos encarar a dor de duas formas: uma é a dor destrutiva que nos abate, que nos tira a esperança da vida, que nos deixa para baixo, com sensação de derrota; outra é a dor construtiva, que buscamos entender porque ela nos atingiu, o que quer nos mostrar e em que devemos mudar. No mínimo, podemos mudar nosso pensamento sobre a vida, sabendo que só sente dor quem está vivo e se você está vivo muita coisa boa pode fazer. Vejamos os exemplos das pessoas que se tornam atletas paralímpicos, são verdadeiros exemplos de superação da dor, da perda de uma parte do corpo ou da "limitação" corporal. A dor pode ser uma excelente professora, podemos nos perguntar: em que posso mudar? O que devo mudar minha vida? Será que desisti de mim mesma em algum momento? Será que desisti de meus sonhos por alguém?

No consultório terapêutico, temos a oportunidades de nos questionar em tudo isso. Todos que me procuram estavam sentindo alguma dor física ou emocional, buscavam por respostas. Com tempo e boa terapia as respostas aparecem.

A GRANDE PERGUNTA:

Quanto tempo ainda vou suportar a dor sem mudar?

RESPOSTA:

50 Quando encontramos nosso Deus interior, estamos curados e prontos para ajudar na cura das pessoas.

Muito fomos ensinados sobre o Deus Pai, mas pouco ou nada sobre a nossa parte da Divina Mãe. Todos nós somos o encontro dos dois, ele nos ensina sobre Justiça Divina, Ordenamento e Organização. Ela nos ensina sobre Cura, como Gerar Vida, algo que vem do feminino divino do mundo que primeiro acolhe, atrai para si o problema para depois devolver uma solução. Da Grande Mãe Terra, Natureza, Espírito das Matas, Sensível e Amoroso, nosso corpo é feito de matéria divina feminina. Quando a reconhecemos em nós, seja homem ou mulher, encontramos com a profunda parte que cria vida material, curando doenças, transformando energias "negativas" em energias "positivas", unindo e respeitando os aspectos sagrados do Masculino e do Feminino!

A GRANDE PERGUNTA:

Tenho medo ou condeno meu feminino?

RESPOSTA:

51 Na autonomia, entendemos que o outro é importante para nós, mas não mais importante do que nós mesmos.

Muito se fala em independência, mas sejamos realistas, na dinâmica do nosso mundo é impossível ser independente, é impossível não depender de ninguém e isso não é saudável. Quando falamos de independência emocional, muitos confundem com isolamento social, mas não é esse o caminho. O bom caminho é encontrar o meio termo entre independência e ligação emocional. O cuidado com a diferença entre vinculação e dependência emocional, que deixa as pessoas reféns de relacionamentos abusivos e falidos. O bom caminho está no fortalecimento de si, da autoconfiança, do amor a si mesma, do próprio valor, do saber quem se é, para não se perder diante da convivência com os outros, sabendo que *eles são importantes em nossa vida para nosso crescimento e evolução, mas não mais importantes do que nós mesmos.* Nascemos com o apoio das pessoas, mas nascemos e morremos sozinhos. Durante a jornada da vida, temos companheiros que compartilham conosco projetos e vivências, a vida é isso. Pessoas que nos alimentam e que nós as alimentamos emocionalmente por um tempo, mas nosso principal alimento vem do Eu divino superior, a nossa ligação com Deus Pai e Mãe, que nos deu uma missão de amor para ser cumprida na terra, ajudando muitas pessoas.

A GRANDE PERGUNTA:

Hoje em dia vivo dependência ou autonomia?

RESPOSTA:

52 Quanto mais simples formos, menos dúvidas teremos.

Muitas coisas inventamos na vida em busca da felicidade, mas, mesmo assim, não encontramos a felicidade com facilidade, pois ela não está fora, não está em um lugar, em uma cidade, em pessoas, festas, empregos, viagens, comidas, roupas, em geral, coisas que o ser humano inventou. A felicidade está dentro de nós, em nossa essência que se realiza de forma simples, com atitudes pouco complexas, perto de pessoas que nos permitam ser o que somos de verdade, sem preocupação com personagens que demonstram força e poder. Sendo assim, cultive e abra espaço para sua essência se manifestar. Não ocupe sua vida com coisas e pessoas que complicam ao invés de simplificar.

A GRANDE PERGUNTA:

Tenho cultivado uma vida simples? O que preciso fazer?

RESPOSTA:

53 Pare de olhar para trás. Você sabe onde esteve, agora precisa saber para onde vai.

Na vida, é importante olhar para trás, rever o passado, reconstruir pensamentos, aprender com tudo o que passamos, evoluir com as dores e alegrias, saber que seu passado foi um lugar especial de crescimento e vivências, mas chega um tempo em que devemos parar tanto de só olhar para trás, com saudades de um tempo que passou, como de remoer dores antigas. Exatamente esse passado que trouxe você até aqui, o construiu e fortaleceu, mas agora é um novo tempo, somos pessoas novas a cada dia, não é útil e nem saudável caminhar olhando para trás. Faça um exercício de gratidão ao passado, às pessoas, aos lugares por onde passou, viveu e caminhou na vida. Com a Gratidão, conseguimos soltar o que nos prende, pois aprendemos e carregamos em nosso pensamento como não cair na mesma "armadilha". Após isso, conseguiremos caminhar sempre olhando para frente, sem a ansiedade que causa angústia, mas com a consciência do que devemos construir, investir energia e pensamento. Sempre em busca de uma vida e um mundo melhor para nós e para as pessoas que amamos!

A GRANDE PERGUNTA:

Já consigo me libertar do Passado? O que falta para conseguir?

RESPOSTA:

54 Se você não agradece, não está pronto para receber.

Na dinâmica energética do nosso mundo, a gratidão exerce papel fundamental de liberação de energia. Como nossa energia neste planeta é limitada, precisamos liberar espaço para poder receber o novo que tanto esperamos e que vem vindo. Quando agradecemos, mostramos ao Universo e ao nosso cérebro que já aprendemos com aquela determinada situação, mesmo que seja de dor. Alguns relutam em agradecer às situações de desavença, brigas, traições e tristezas, porém, precisam aprender que tudo é aprendizado e precisam agradecer a tudo isso que passou. Agradecendo, soltamos essa energia que tem que ser sempre fluida ao invés de ficar presa remoendo a dor e, assim, liberamos espaço para algo novo. Nem sempre conseguiremos atingir a gratidão rapidamente como gostaríamos. Pode levar algum tempo. Afinal, tudo tem seu ciclo e algumas situações acontecem antes de o ciclo se concretizar. Quando isso ocorrer, saiba que toda dor tem tempo para passar; aguarde, reflita e saiba que logo isso irá passar e você estará ainda mais fortalecida. Devemos respeitar o ciclo lunar, o ciclo do sol nas constelações e das estações do ano. Observe tudo isso e terá maior clareza, com isso o sentimento de gratidão irá aparecer.

A GRANDE PERGUNTA:

Sou grata?
Escreva uma carta de Reflexão e Gratidão a sua vida.

RESPOSTA:

55 Afinal, o que é o Belo?

Essa foi uma pergunta que fiz a mim mesmo e a algumas pessoas. As respostas foram as mais diversas, normalmente respostas concretas, como "é uma pessoa x", "um objeto y", "um sentimento profundo". Quase um ano depois, pareço chegar a uma resposta. O Belo é tema de análises, teorias e estudos, é a busca incansável e insaciável do artista que existe em cada um de nós.

A busca por uma vida bela e feliz! Afinal, é tudo aquilo que vemos, admiramos e sabemos que nos falta de alguma forma, ele é motivador, inspirador e um remédio para a alma!

O Belo que você vê com os olhos é na verdade, o reflexo e espelhamento do que está dentro de você, uma projeção, uma imagem que encontrou forma! Deixe-o fluir sem medo!

A GRANDE PERGUNTA:

O quão bela eu sou e quanto me reprimo por medo de ser soberba?

RESPOSTA:

Chegamos, assim, ao final do nosso primeiro de muitos livros e publicações. A Minha Missão é muito clara e gostaria de compartilhar com você: *Ajudar outras pessoas a encontrarem suas respostas!!!* Deus Pai e Mãe me deu um instrumento muito especial, uma sensibilidade grande que, no início da vida, machucava por falta de conhecimento e ambiente saudável. Com a conexão por meio dos pensamentos com as energias do conhecimento, consegui estabelecer uma ligação que mostrava a utilidade da sensibilidade. Com estudos em várias áreas de conhecimento e ouvindo a intuição (Anjo Protetor ou Mentor Espiritual), conseguimos produzir esse material. Agradeço aos Anjos encarnados que me motivaram no cumprimento dessa missão. Agradeço à Minha Mãe Aparecida e à Minha Mãe Áurea, minhas inspiradoras iniciais para o fortalecimento das mulheres, que sempre acreditaram e estimularam meu potencial como pessoa, com Amor e Liberdade. Minha fiel Amiga Cora, com toda sua sensibilidade e elevação energética. Regiane, por ter aceitado o projeto com toda sua bondade e dedicação, me fazendo permanecer firme na ideia. Minhas amigas: Roberta, por seu fiel apoio, Mayra, por sua inspiração e Marisa, por seu exemplo. Ana Paula, por sua sensibilidade tão fértil. Meu agradecimento a todas as minhas pacientes que sempre me nutriram com sua confiança em meu trabalho!

A todas as outras mulheres especiais na minha vida, o meu amor! E para todas as pessoas que passaram pela minha vida: amigos, Anjos e amores que contribuíram com o que sou e com a energia que hoje emano.

Gratidão! Gratidão! Gratidão!

Namastê!